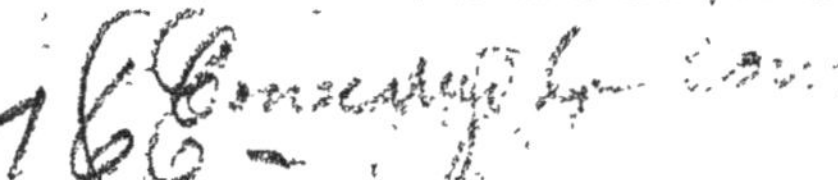

REVUE
ARCHÉOLOGIQUE

PUBLIÉE SOUS LA DIRECTION

DE MM.

ALEX. BERTRAND ET G. PERROT

MEMBRES DE L'INSTITUT

SALOMON REINACH

—

PERMIS D'EXPORTER

délivrés à Rome vers le milieu du XVI⁰ siècle

PARIS

ERNEST LEROUX, ÉDITEUR

28, RUE BONAPARTE (VI⁰)

—

1902

[1902, II, p. 102-116]

PERMIS D'EXPORTER DÉLIVRÉS A ROME

VERS LE MILIEU DU XVIᵉ SIÈCLE

Les « permis d'exporter » délivrés par les autorités romaines depuis le xvıᵉ siècle présentent un certain intérêt pour l'histoire de la formation des Musées d'antiquités, tant en Italie qu'à l'étranger. Dans l'*Introduction* à l'*Album du sculpteur Pierre Jacques*, que je viens de publier, j'ai réuni un assez grand nombre d'informations, tirées principalement des travaux de MM. Michaelis, Robert, Müntz, Th. Schreiber, etc., au sujet de la formation des collections romaines et de la migration d'œuvres antiques vers Florence, Naples, Paris et d'autres villes. Les documents qu'on va lire, copiés au Vatican par M. Cerasoli, fourniront des indications utiles sur des sculptures antiques malheureusement décrites d'une façon trop sommaire; on remarquera surtout ce qui concerne les envois d'antiques faits en France, tant pour le roi que pour son chambellan d'Antraigues, le duc de Montmorency, les cardinaux de Guise et du Bellay[1].

S. R.

1. Sur la formation des collections des Médicis, voir Müntz, *Les collections d'antiques formées au xvıᵉ siècle par les Médicis*, Paris, 1895 (p. 82-84, antiques exportées à Florence, à Pise et à Sienne de 1572-1595); Michaelis, *Jahrbuch des Instituts*, 1890, p. 39, 65; don de statues romaines par Pie V à l'empereur Maximilien, *ibid.*, p. 63; acquisitions du duc de Ferrare, Venturi, *Archivio storico dell'Arte*, 1890, p. 196; sur la formation de la collection Farnèse, Umberto Rossi, *Le Raccoltà archeologiche dei Farnesi*, Côme, 1886 (extr. de la *Gazzetta numismatica*, t. VI); acquisitions des ducs d'Urbin en 1575, 1578, 1583, Bertolotti, *Artisti urbinati in Roma*, p. 40; acquisitions des Gonzague de Mantoue, Bertolotti, *Artisti in relazione coi Gonzaga*, p. 70 et Figuli, *Fon-*

(Nell' Indice :)
Licentia extrahendi ex Urbe Antiquitates marmoreas pro Illmo Domino de
Antrages.

(Nel testo, a margine :)
Cubiculario Regis Francie licentia extrahendi ex Urbe Antiquitates marmoreas.
Guidus Ascanius Card. Camerarius.

Dilecto nobis in Christo Illms de Antraghes vulgo nuncupato Christianissimi Francorum regis cubiculario, salutem in Domino. Humilibus nomine tuo nuper nobis porrectis supplicationibus inclinati, volentes tibi specialem gratiam facere teque gratioso favore prosequi, tibi ut per quoscumque pro te agentes harum nostrarum exhibitores ex alma Urbe res infra designatas unica seu pluribus extractionibus extrahere et mari vel terra quocumque malueris, praeterquam ad partes infidelium, convehere libere et impune possis et valeas, earumdem nostrarum serie gratiose concedimus et indulgemus, districtius inhibendo mandantes propterea tam dictae almæ Urbis Dohanerijs, Hostie et Civitatis Vetule castellanis coeterisque ad quos quomodolibet spectat sub censuris ecclesiasticis et mille ducatorum auri Camere Apostolice inferendorum, aliisque nostri arbitrii poenis, ne te aut pro te ut prefertur agentes in premissis quovis modo vel colore impediant vel molestent. Alioquin etc. Quibusvis prohibitionibus coeterisque etc. Volumus autem quod quicquid earumdem presentium nostrarum vigore extractum fuerit a tergo ipsarum annotetur, ne qua desuper fraus committatur, sin minus nulle sint.

Dat. Rome in Camera Apostolica die xx Decembris *1547*.

Res extrahende hæc sunt videlicet :

Simulacrum Herculis marmoreum altitudinis unius brachij.

Caput eneum Antoninij Pij.

Capita ex marmore Vespasiani, Neronis, Alexandri Magni, Faustine, Lucretie, Margarite ab Austria, Julie Mamee, Bacchi, cujusdam rustice, inde aliud caput parvum, aliud pueri, aliud angeli.

Triginta aenea recentiora numismata seu medalias.

---

ditori e Scultori, p. 82; *Archivio storico italiano*, 1866, t. III, p. ii, p. 123 (lettre de François de Gonzague au marquis de Mantoue, 1er mars 1525, au sujet de l'acquisition de têtes antiques); antiquités acquises par François Ier, Vasari, *Vite*, éd. Milanesi, t. IV, p. 145; par le connétable de Montmorency, qui fit acheter à Rome, en 1554 et 1556, une série de bustes antiques, grâce au concours du cardinal d'Armagnac, Grandmaison, *Archives de l'art français*, t. IV, p. 69-71; *Gazette des Beaux-Arts*, 1861, t. IX, p. 75; marbres acquis en 1556 par le cardinal du Bellay, Clédat, *Courrier de l'art*, 1er mars et 3 mai 1883; acquisitions de Séguin de Carpentras en 1577, du sculpteur français Jean Maynard, pour la Reine-mère, en 1579, Bertolotti, *Artisti francesi in Roma*, p. 49-50 (cf. du même *Esportazioni di Oggetti di belle arti nella Liguria, Lunigiana, Sardegna e Corsica*, Gênes, 1876). — Je dois une grande partie du contenu de cette note à M. Müntz, qui a bien voulu aussi me signaler, en me conseillant de les acquérir, les copies de documents exécutées par M. Cerasoli.

Item lapidem quemdam quadratum, manum quandam parvam, nec non alias
duas pilas ex marmore, et alium lapidem quadratum.

G. Asc : Cardinalis Camerarius.

Hieronimus de Tarano.

(Notarius.)

(Arch. Segreto Vaticano. Diversi Cameralium, vol. CLIII, fol. 20 v°.)

(In margine :)

Licentia extrahendi ex Urbe quedam capita marmorea pro Vincentio Palavicino.

G. Ascanius Card. Camerarius.

Dilecto nobis in Christo Magnifico Viro D̅n̅o̅ Vincentio Pallavicino civi Ja-
nuensi specialem gratiam facere volentes de mandato et auctoritate, etc. tenore
presentium ut per se seu agentem suum presentium ostensorem infrascripta
capita marmorea antiqua que ut peritorum relatione accepimus decori Urbis
parum apta sunt, videlicet unum caput magnum muliebre antiquum cum humeris modernis, tria capita videlicet Meduse et Jani et cujusdam senis cujus
nomen ignoratur sine humeris in una capsa insimul reclusa, duo capita Erma-
froditi cum humeris modernis et Scipionis modernum cum humeris modernis
etiam in una capsa insimul reclusa et caput cujusdam puelle cum humeris modernis ex alma Urbe per ripam fluminis extrahere et ad Civitatem Januensem
per quamcumque barcam conduci facere possit et valeat licentiam et facultatem
concedimus, inhibentes propterea ejusdem Urbis Magnificis Dominis Conservatoribus Stratarum Magistris dicte Ripe dohaneriis, Arcis Hostie Castellano et
aliis quibuscumque ad quos spectat sub nostri arbitrii penis ne D. Vincentium
aut agentem ejus prefatos in extractione et conductione premissis impediant
quoquomodo; alioquin, etc. irritum, etc. contrariis, etc.

Dat. Rome in Camera Apostolica die xiij. Aprilis *1546.*

G. (Guidus) Ascanius (Sforza) Card. Camerarius.

Hieronimus De Tarano.

(Archivio Seg. Vatic. Div. Cam., vol. CXLV, fol. 23 v°.)

. . . .

(In margine :)

Oratori Francorum Regis sequestrum Tabule marmorec.

G. Ascanius Card. Camerarius.

Universis et singulis utriusque sexus personis per almam Urbem constitutis
in executione harum nostrarum nominandis harum serie significamus ac de
mandato etc. et auctoritate etc. sub censuris ecclesiasticis et mille ducatorum
auri camere Apostolice applicandorum aliisque nostri arbitrii penis mandamus
ut tabulam novem palmorum ex marmore quod mixtum vocant in orbem factam
et ad dominum Petrum Coyn civem Lugdunensem ut dicitur spectantem cujus
ex Urbe extrahende superioribus diebus dicto d. Petro facultatem concessimus
penes quemvis nostrum exhibentem in sequestrum et sub firmo arctoque se-
questro teneatis, seu quicumque vestrum habet teneat, nemini consignandam
nisi jussu nostro. Attento quod nomine I̅l̅l̅m̅i̅ Domini Oratoris Christianissimi

Francorum Regis fuit coram nobis allegatum se dictam Tabulam pro dicto
Christianissimo Rege pro precio quo per eumdem d. Petrum empta fuit velle
habere dictumque Christianissimum Regem ob ejus sublimitatem in ea habenda
omnino preferendum esse, et si quis etc. compareat etc. Alioquin etc.

     Date Rome in Camera Ap. die prima Octobris 1547.
        G. Asc : Card. Camerarius
           (Not.) Hierominus de Tarano.

(In margine :)

Die quarta mensis Aprilis 1549 R. P. Card. Camerarius certis de causis om-
nium jurium moventibus renovavit hujusmodi sequestrum simpliciter, presenti-
bus Rome in Palatio Apostolico Dominis Nicolao Casulano et Vespasiano de
Rigberto testibus. Etc.

(A. S. V. Div., CLIII, fol. 4.)

(In margine :)

Rev^mus D. Carolus Cardinalis de Guysia licentia extrahendi marmoreas statuas.
       G. Asc : Card : Camerarius.

De speciali et expresso mandato SS^mi D. N. pape cive vocis oraculo nobis
facto et auctoritate etc. Remo et Ill̅m̅o D. meo Carolo tituli sancte Cecilie
Presbitero Cardinali de Guisa nuncupato ut per quoscumque pro eo agentes
presentium ostensores ex alma Urbe vigintiquinque capsas statuis et tabulis
marmoreis et aeneis aliisque diversis figuris per eum Christianissimo Francorum
Regi dono dandis repletas clausas prout sunt et absque illarum cuique facienda
aperitione nec non universa sua et suae familiae suppellectilia seu utensilia
cujusvis generis speciei et quantitatis et quidem ea omnia super una vel ad sum-
mum duabus navibus seu barcas impositas extrahere et quocumque voluerit preterquam ad partes infidelium convertere libere, licite et impune ac absque
aliqua Dohane Gabelle Datii vel cujusvis alterius oneris solutione possit et
valeat harum serie concedimus et indulgemus districtius, inhibendo mandantes
propterea dicte Urbis Dohaneriis Hostie et Civitatis Vetule Castellanis ceterisque ad quos spectat ubi haec nostre ostense fuerint sub censuris ecclesiasticis
et duorum millium ducatorum auri Camerae Ap. inferendorum aliisque nostri
arbitrii penis ne eumdem Rev̅m̅ et Ill̅m̅ D. Carolum aut ejus agentes predictos contra ipsorum presentium tenore in premissis impediant remorent vel
molestent, alioquin quibusvis prohibitionibus ceterisque in contrarium facienti-
bus non obstantibus quibuscumque. Volumus autem quod talis extractio a tergo
earumdem presentium annotetur, ne qua desuper fraus committi possit.

     Dat. Rome in Cam : Ap : Die xi Aprilis 1550.
       G. Asc : Card. Camerarius.
         Hieronimus de Tarano.

Similes pro Magnifico D : Roberto de Strotiis Nobile Florentino pro duabus
statuis novis.

Dat. Rome die xij Aprilis 1550.

(A. S. V. Div., CLXI, fol. 102.) — Carolo Cardinali de Guisa licentia extrahendi statuas marmoreas Francorum Regi dono dandas.

.   .   .   .   •   .   .   .   .   •   .   .

(In margine :)
R̅m̅s̅ Cardinalis Parisiensis licentia extrahendi ex Urbe marmoreas statuas.
G. Asc. Card. Camerarius.

De mandato etc. et auctoritate. etc. R̅m̅o̅ et Il̅l̅m̅o̅ D. meo Johanni tituli Sancti Crisogoni de Bellai Cardinali de Parisio nuncupato. Ut per quoscumque pro eo agentes presentium ostensores ex alma Urbe certam quantitatem tabularum et columnas integras et nonnulla fragmenta nec non diversi generis et speciei lapides non tamen in statuas nec in figuras seu testas vulgariter nuncupatas redacta super una navi seu barca capaci quadringentorum cantariorum imposita extrahere et quocumque voluerit preterquam ad partes infidelium convehere libere et licite et impune absque aliqua Dohane, Gabelle, Datii vel cujusvis alterius oneris solutione possit et valeat harum serie concedimus et indulgemus, districtius inhibendo mandantes propterea dicte Urbis Dohanerijs Hostiae et Civitae (*sic*) Vetule Castellanis ceterisque ad quos spectat et haec nostre ostense fuerint sub censuris ecclesiasticis et duorum millium ducatorum auri Camere Apostolicae applicandorum aliisque arbitrii nostri penis ne eumdem R̅e̅v̅m̅ et Il̅l̅m̅ D. Johannem aut ejus agentes predictos contra ipsarum presentium tenore in premissis impediant remorentur vel molestent. Alioquin etc. quibusvis prohibitionibus ceterisque in contrarium, etc. Volumus autem quod talis extractio a tergo earumdem presentium annotetur ne qua desuper fraus committi possit.

Dat. Rome in Ca : Ap : die xiv Aprilis 1550.

G. Asc : Card. Camerarius

Hier. de Tarano.

(E poco sotto :)
Similes pro eodem pro duodecim petiis partim alabastri partim misti rusticis nec in figuras statuas aut tabulas redactis et unius basis porfidi latitudinis palmorum novem et altitudinis trium.

Dat. iij. Maij 1550.

(A. S. V. Div., CLXI, fol. 105.)

.   •   .   •   .   •   .   .   .   .

(In margine :)
R̅e̅m̅s̅ Card. De Gaddis licentia extrahendi ex Urbe statuam,
G. Asc : Card. Camerarius.

R̅e̅v̅m̅ et Il̅l̅m̅ Dominum meum Dominum Nicolaum tituli Sancte Marie in Via Lata presbiterum Cardinalem de Gaddis nuncupatum, specialibus favoribus et gratiis prout decens est prosequi volentes de mandato etc. et auctoritate etc. tenore presentium ut per quoscumque agentes vel ministros suos presentium ostensores unam statuam seu caput marmoreum naturalis magnitudinis antiquum et noviter resarcitum cum pectore recentius facto ex alma Urbe per ripam fluminis extrahere et ad pontes Regni Neapolis per quamcumque barcam conduci facere possit et valeat, licentiam et facultatem concedimus et impartimur, inhibentes propterea magnificis Dominis ejusque Urbis Conservatoribus Stratarum Magistris ac Ripe ejusdem Urbis Dohanerijs Arcis Hostiae Castellano aliisque quibuscumque ad quos spectat et quibus presentes nostre ostense fuerint sub nostri arbitrii penis ne agentes et ministros prefatos vel quosvis alios in extractione vel conductione premissis impediant quoque modo vel molestent. Alioquin, etc. Irritum, etc. Contrariis, etc.

Dat. Rome die xxvii Novembris 1551.
G. Asc. Card. Camerarius.
Hier. de Tarano.

(A. S. V. Div., CLXIII, fol. 34.)

(In margine :)

R̄em̄s et Ῑ̄l̄m̄s D̄n̄s Georgius Cardinalis de Armeniaco licentia extrahendi capita
marmorea.
G. Asc : Camerarius.

R̄ev̄m̄o et Ῑ̄l̄m̄o D̄n̄o Georgio tituli sanctorum Johannis et Pauli presbitero Cardinali de Armeniaco salutem in domino et optatam felicitatem : volentes tibi qui hoc a nobis instanter requisivisti gratum facere, de mandato etc. et auctoritate, etc. tibi ut per quoscumque negociatores tuos aut per te in hiis agentes harum nostrarum ostensores infra designata capita lapidea omnia exceptis duabus antiquis recentiora ex alma Urbe extrahere et mari vel terra in *Galliam* ut ad Illm et Excellm Dominum *Gallie* contestabilem dono perferantur convehere libere et licete possis et valeas harum serie concedimus et indulgemus, stricte inhibendo mandantes propterea universis dicte Urbis officialibus ac Prefectis arcium Hostiae et Civitatis-Vetulae ceterisque ad quos spectat ut eedem nostre ostense fuerint sub censuris ecclesiasticis et mille ducatorum auri. Cam : Ap : inferendorum aliisque nostri arbitrii penis ne tuos negociatores aut per te agentes in premissis ullo modo impediant remorentur vel molestent. Alioquin, etc. quibusvis prohibitionibus ceterisque contrariis non obstantibus quibuscumque. Volumus autem quod in ipsa extractione annotatio a tergo harum nostrarum fiat, ne qua desuper fraus committi possit.

Dat. Rome in Camera Apostolica die xxx Aprilis 1555.

. . . .

Capita vero lapidea extrahenda haec sunt materno sermone scripta, videlicet :
Una testa di Vitellio col suo petto.
Una testa di Marco-Aurelio giovane col suo petto armato.
Una testa di Settimio Severo col petto di mischio.
Una testa di Antonino Caracalla col suo petto.
Una testa di donna grande col petto d'alabastro ed il peduccio di mischio.
Una testa di Domiziano col suo petto.
Una testa di Vitellio più piccola dell' altra, col suo petto.

Una testa di un Hercole giovane col suo petto.
Una testa di Ottone col suo petto.

G. Ascanius Card. Camerarius.

Hier : de Tarano (Not.).

(A. S. V. Div., CLXXXII, fol. 33.)

. . . .

(In margine :)

Illmo Dno Johanne de Avanton Oratori Christianissimi Francorum Regis licentia
extrahendi capita marmorea.

G. Asc : Card. Camerarius.

Illri Domino Johanni de Avanton Christianissimi Francorum Regis apud
Sm. D. N. pp. Oratori salutem, in Domino et optatam felicitatem. Volentes tibi
qui hoc a nobis instanter requisivisti gratum facere, de mandato etc. et auctoritate etc. tibi ut per quoscumque negociatores tuos aut pro te in his agentes
harum nostrarum ostensores infradesignata capita et alias res lapideas ex alma
Urbe extrahere et mari vel terra in Galliam ut ad Illm et Excellm D. Gallie Contestabilem dono perferantur convehere libere et licite possis et valeas harum
serie concedimus et indulgemus, stricte inhibendo mandantes propterea universis dicte Urbis Officialibus ac Prefectis arcium Hostie et Civitatis Vetule ceterisque ad quos spectat et hec nostre ostense fuerint sub censuris ecclesiasticis
et mille ducatorum auri Camere Apostolice inferendorum aliisque nostri arbitrii
penis ne tuos negociatores aut per te agentes in premissis ullo modo impediant
remorentur vel molestent. Alioquin, etc. quibusvis prohibitionibus ceterisque
contrariis non obstantibus quibuscumque. Volumus autem quod in ipsa extractione annotatio a tergo harum nostrarum fiat, ne qua desuper fraus committi
possit.

Dat. Rome in Cam : Ap : die ultima Aprilis 1555.

Capita vero lapidea extrahenda haec sunt materno sermone scripta, videlicet :

Una testa di un Antonino Pio ritoccata e rifatta di nuovo.

Una di Scipione Africano moderna.

Una di Geta il petto moderno, la testa rifatta di nuovo.

Una di un Antinoo moderna.

Una di un Fauno piccola con alcuni pezzi di quadretti di mischio moderna.

Un puttino con un delfino moderno.

Una testa di un vecchio raso con un petto moderno.

Una testa di Faustina con il petto moderno.

Piu duoi cassette piene di quadretti e ovati e tondi di diverso mischio, ed un
altra cassetta con dentro una tavoletta di albastro cotognino.

G. Asc : Card. Camerarius.

Hier. de Tarano.

(A. S. V. Div., CLXXXII, fol. 34.)

(In margine :)

R. P. D. Episcopus Nonensi licentia extrahendi decem capita marmorea.

G. Asc : Card. Camerarius.

Dilecto nobis in Christo R. P. D. Marco Lauredano Nonensi salutem in Domino et optatam felicitatem. Volentes tibi qui hoc a nobis instanter requisivisti gratum facere... auctoritate etc. tibi ut per quoscumque negociatores tuos aut pro te in hiis agentes harum nostrarum ostensores decem capita lapidea parva simul et magna antiqua simul ac moderna ac quandam tabulam lapideam palmarum quatuor ex alma Urbe extrahere et ad civitatem Venetiarum convehere libere et licite possis et valeas harum serie concedimus et indulgemus, stricte inhibendo mandantes propterea universis et singulis dicte Urbis et quorumvis aliarum status Ecclesiastici, comitatuum et locorum officialibus et prefectis arcium Hostie et Civitatis Vetule ceterisque ad quos spectat et hec nostre ostense fuerint sub censuris ecclesiasticis et mille duc : auri Cam : Ap : infer : aliisque nostro arbitrii penis ne tuos negociatores remorent vel molestent. Volumus autem etc. etc.

Dat. Rome in Cam : Ap : Die vij. Mensis Maij 1555.

G. Asc. Card. Camerarius.

Hier. de Tarano.

(A. S. V. Reg., CLXXXII, fol. 39.)

(In marginc :)

Licentia exportandi imagines et alia pro Domino Pyrro Ligorio.

Vitellotius Card. Camerarius.

Dilecto nobis in Christo Domino Pyrro Ligorio salutem in Domino. Humilibus nomine tuo nuper nobis porrectis precibus moti, volentes tibi specialem gratiam facere, de mandato etc. et auctoritate etc. tibi ut per quoscumque agentes et ministros tuos tria capita marmorea unum scilicet ad imitationem Scipionis, aliud Augusti Romanorum Imperatoris cum suo pectore marmoris mixti et aliud Antinoi nec non quandam parvulam tabulam, tres imagines et unum asellum omnes marmoreos recentioris forme ex alma Urbe extrahere et quocumque volueris comportare libere licite et impune possis et valeas, harum serie gratiose concedimus et indulgemus, stricte propterea inhibendo mandantes universis et ʼsingulis dicte Urbis Officialibus ac arcium Ostie et Civitevetule Prefectis seu Castellanis, ceterisque ad quos spectat et quibus presentes ostense fuerint sub 500 ducatorum auri Cam . Ap : inferendorum et in juris subsidium sub censuris ecclesiasticis aliisque nostri arbitrii penis te necne tuos agentes et ministros prefatos in premissis ullo modo vel obtentu impediant remorentur vel molestent. Alioquin etc. quibusvis prohibitionibus ceterisque contrariis nec obstantibus quibuscumque.

Dat. Rome in Cam : Ap : die decima mensis Julij 1568.

Vi : Card. Camerarius.

Andreas Martini.

(A. S. V. Div., CCXXXII, fol. 185.)

.   .   .   .

(In margine :)

Licentia extrahendi figuras marmoreas pro Illmo Domino Cesare Gonzaga.

Frater Michael, etc. Camerarius.

Universis et singulis tam terra quam mari, portarum, pontium, passuum,
portuumque custodibus datiariis ac vectigalium quorumcumque totius Status
Ecclesiastici exactoribus ceterisque ad quos spectat et quibus hec nostre ostense
vel presentate fuerint, salutem in Domino. Cum Illms dominus Cesar Gonzaga
duas marmoreas figuras sive statuas ex hac alma Urbe ad Civitatem Mantua-
nam, seu quo magis sibi placuerit trasportari facere intendat, Nobisque pro
licentia desuper obtinenda supplicari fecerit, Nos dominationi suae Illmae libentissime morem gerentes suis supplicationibus hujusmodi inclinati, de mandato
etc. et auctoritate etc. licentiam predictam eidem Illme Dominationi suae
duximus concedendam, prout per presentes concedimus. Qua propter Vobis
omnibus et singulis supradictis et unum cuilibet harum serie committimus et
sub quingentorum ducatorum auri Cam : Ap : inferendorum et in subsidium
sub censuris ecclesiasticis aliisque nostri arbitrii penis stricte precepimus et
mandamus uti prefatos agentes presentium ostensores dictas marmoreas figuras
sive mari, sive terra deferendas in hujusmodi transportatione nequaquam modo
aliquo, aut quovis quesito colore vel ingenio impediant, remorentur vel molestent; quinimo eosdem agentes cum dictis figuris in capsis occlusis libere iter
suum facere et abire permittant. Alioquin etc. quibusvis prohibitionibus desuper editis, ceterisque etc. In quorum fidem, etc.
    Dat. die secunda Aprilis 1569. Pontificatus etc. Pij V. An : IV.
Fr : M. B. Card. Camerarius.

    (A. S. V. Div., CCXLII, fol. 75.) — (Fra Michele Bonelli, nipote di Pio V.)

(In margine :)
Licentia extrahendi statuas marmoreas pro Illmo Principe Florentie et Senarum.
Fr : Michael, etc. Camerarius.

    Universis et singulis tam terra quam mari, portarum, pontium, passuum,
portuumque custodibus, datiariis ac vectigalium quorumcumque et gabellarum
totius Status Ecclesiastici exactoribus ceterisque ad quos spectat et quibus hec
nostre ostense fuerint seu quomodolibet presentate, salutem etc. Cum Illms
Dominus Don Franciscus Medices Florentie et Senarum Princeps figuras sive
statuas marmoreas infrascriptas ex hac alme Urbe ad civitatem Florentie seu
quo magis sibi placuerit transportari facere intendat, Nos pro licentia desuper
obtinenda ejus partem requisiti, Dominationi suae Illustrissime libentissimum
morem gerentes, de mandato etc. et auctoritate etc. licentiam predictam eidem
Illme Dominationi suae duximus concedendam. Figurarum nomina haec sunt,
videlicet :
    Cleopatra intera a giacere di piu pezzi ristaurata di grandezza poco piu di
due braccia.
    Caracalla col petto moderno.
    Una testa di un giovane non conosciuta, col petto tutte moderno.
    Un altra testa col petto moderno, non conosciuta.
    Un altra testa non conosciuta col suo petto di vil maestro.
    Un altra non conosciuta col petto moderno.

Geta col petto tutto moderno.

Adriano col petto moderno.

Vitellio col petto moderno.

Marcello col petto moderno.

Un Busto antico col suo piede.

Una testa di maniera di donna col suo petto d'alabastro intagliato.

La Felice col petto moderno.

Un Torso di un marmo lungo un braccio.

Una testa di una femina non conosciuta senza busto, tutta fracassata.

Una testa di una Bacchetta col busto piccino moderno.

Un altra testa piccina col busto moderno.

Una testina piccina col busto moderno.

Una testina piccina fracassata senza busto.

Un putto di mezzo rilievo in un pezzo di pilo antico.

Un epitafio antico.

Cinque statue in più pezzi in cinque casse.

Qua propterea omnibus et singulis supradictis et vestrum cuilibet harum serie committimus et sub mille auri ducatorum Cam : Ap : inferendorum aliisque arbitrii nostri poenis stricte precipimus et mandamus uti agentes predicti Ill͞mi Principis presentium ostensores supradictas marmoreas figuras sive mari, sive terra deferendas in hujusmodi transportatione nequaquam modo aliquo aut quovis quesito colore vel ingenio impediant, remorentur vel molestent, quin imo eosdem agentes cum dictis figuris in capsis occlusis seu aliter libere iter suum facere et abire permittant. Alioquin etc., quibusvis prohibitionibus desuper editis, ceterisque etc. In quorum fidem, etc.

Dat. die xxx Julij 1569.

Fr. M. B. Card. Camerarius.

(A. S. V. Div., CCXLII, fol. 122.)

. . . .

(In margine :)

Licentia extrahendi statuas marmoreas etc. pro Ill͞mo Francisco de Este.
Fr. Michael, etc. Camerarius.

Universis et singulis tam terra, quam mari, portarum, pontium, passuum, portuumque custodibus, datiariis ac vectigalium quorumcumque et gabellarum otius Status Ecclesiastici exactoribus, ceterisque ad quos spectat et quibus hec nostre ostense fuerint seu quomodolibet presentate, salutem. Etc. Cum Ill͞ms Dominus Don Franciscus de Este figuras sive statuas marmoreas infrascriptas ex hac alma Urbe ad civitatem Ferrariae seu quo magis sibi placuerit transportari facere intendat, Nobisque pro licentia desuper obtinenda supplicari fecerit, Nos Dominationi suae Ill͞me libenter morem gerentes suis hujusmodi supplicationibus inclinati, de mandato etc. et auctoritate etc. licentiam predictam eidem Ill͞me Dominationi duximus concedendam prout per presentes concedimus. Statuarum nomina sunt haec, videlicet :

Quattro statuette di cinque palmi l'una, parte antiche e parte moderne.

Una statuetta di Esculapio, un altra di un Cupido et altre due non conosciute, et di più due teste antiche coi petti moderni, minori del naturale et non conosciute.

Qua propter omnibus et singulis supradictis et vestrum cuilibet harum serie committimus et sub *500* duc : auri Cam : Ap : inferendorum aliisque arbitrii nostri poenis stricte precipimus et mandamus uti predicti Illmi Domini Francisci agentes presentium ostensores supradictas marmoreas figuras sive mari, sive terra deferentes in hujusmodi transportatione modo aliquo aut quovis quaesito colore vel ingenio non impediant, remorentur vel molestent, quin imo dictos agentes cum dictis figuris in capsis occlusis sive aliter iter suum facere et abire permittant. Alioquin, etc. quibusvis prohibitionibus desuper editis ceterisque etc.

Dat. die 30 Julij 1569.

Fr : M. B. Card. Camerarius.

(A. S. V. Div., CCXLII, fol. 123.)

. . . .

(In margine :)

Licentia extrahendi figuras marmoreas pro Illmo Cardinali Ferrariensi.

Fr : Michael. Camerarius .

Universis et singulis portarum, pontium, passuumque custodibus, gabella·riis, datiariis ac vectigalium quorumcumque et gabellarum totius Status Ecclesiastici exactoribus ceterisque ad quos spectat et quibus presentes ostense fuerint seu quomodolibet presentate, salutem etc. Cum Illms ac Revmus Dominus meus D. Hippolitus Estensis Cardinalis Ferrariensis nuncupatur, figuras sive statuas marmoreas infrascriptas ex hac alma Urbe ad Civitatem Tiburtinam seu quo magis sibi placuerit transportari facere intendat, nos qui pro licentia desuper obtinenda requisiverit Dominationi suae Illme libentissime morem gerentes, de mandato etc. et auctoritate etc. licentiam prefatam eidem Illme Dominationi suae duximus concedendam prout per presentes concedimus. Statuarum nomina sunt haec, videlicet :

Un Esculapio intiero.

Un Ercole intiero.

Una donna non conosciuta che sta a sedere, intiera.

Qua propter omnibus et singulis supradictis et vestrum cuilibet harum serie committimus et sub 500 duc. auri Cam : Ap : inferendorum, aliisque arbitrii nostri poenis stricte precipimus et mandamus uti predicti Illmi et Revmi D. Hippoliti Cardinalis agentes presentium ostensores supradictas marmoreas figuras deferentes in hujusmodi transportatione modo aliquo aut quovis quaesito colore vel ingenio minime impediant, remorentur vel molestent, quin imo ipsos agentes cum dictis figuris in capsis occlusis aut aliter iter suum facere et abire permittant. Alioquin etc.

Dat. Rome die 2 7bris 1569.

Fr : M. B. Card. Camerarius.

(A. S. V. Div., CCXLII, fol. 133.)

(In margine :)

Licentia extrahendi statuas marmoreas.

Fr : Michael, etc.

Universis et singulis tam terra quam mari portarum, pontium, passuum, portuumque custodibus datiariis ac vectigalium quorumcumque et gabellarum totius Status Ecclesiastici exactoribus ceterisque ad quos spectat et quibus he nostre ostense fuerint seu quomodolibet presentate. Cum Illmus Dominus Don Franciscus Medices Florentie et Senarum Princeps figuras sive statuas marmoreas infrascriptas ex palatio nemoris Belvederis amotas et per SSm Dnm N. Pium Quintum dicto Illmo Dno dono datas ex hac alma Urbe dominationi suae placuerit transportari facere intendat, Nos pro licentia desuper obtinenda ejus parte requisiti sibi libentissime morem gerentes, de mandato etc. et auctoritate etc. licentiam predictam eidem Illmo Principi duximus concedendam. Figurarum sive statuarum nomina sunt haec :

Herato musa, Tre Cereri, Due Mnemosine muse, La Prudenza, Socrate termine, Una Vergine Vestale, Due Polymnie muse, Duoi termini di donna, Urania musa, Euterpe musa, Due Pietà, Proserpina, Abondanza, Antonino, Faustina, Due Giunoni, Un Consolo, Una Bacchetta, Una Flora. Qua propter omnibus et singulis supradictis et vestrum cuilibet, harum serie committimus et sub mille auri ducatorum Camere Ap : inferendorum aliisque arbitrii nostri poenis stricte precipimus et mandamus uti agentes prefati Illmi Dni Principis presentium ostensores supradictas marmoreas figuras sive mari sive terra deferendas in hujusmodi transportatione ne quoquam modo aliquo aut quovis quesito colore vel ingenio impediant remorentur aut molestent. Quin immo eosdem agentes cum eisdem figuris in diversis capsis occlusis libere iter suum facere et abire permittant. Alioquin etc. quibusvis prohibitionibus desuper editis, ceterisque contrariis non obstantibus quibuscumque. In quorum, etc.

Dat. Rome in Camera Ap : die xx mensis Septembris 1569, Pontificatus SSmi in Christo Patris et Dni Nri Dni Pij divina providentia Quinti, Anno Quarto.

Fr : M. B. Cardinalis Camerarius.

(A. S. V. Div., CCXLII, fol. 141.)

(In margine :)

Licentia extrahendi statuas pro Hectore Ghislerio.

Fr : Michael, etc. Dilecto nobis in Christo Hectori Ghislerio Bononiensi, salutem in Domino. Exponi fecisti nobis in Cam : Ap : quod tu cum nonnulla videlicet septem capita marmorea aliquantulum antiqua in quatuor seu quinque capsis habeas ad effectum illa conduci faciendi Bononiam cuperes a nobis desuper licentiam impartiri, idcirco nobis humiliter supplicari fecisti ut desuper oportune providere dignaremur : Nos igitur volentes tibi gratiam facere specialem, de mandato SSmi D. N. pp. vive vocis oraculo super hoc nobis facto et auctoritate nostri Cameriaratus officij tibi vel ministris ut dicta capita marmorea in predictis capsis posita ex Urbe extrahere et ad Civitatem Bononie convehi et asportari facere possis, harum serie gratiose concedimus et impartimur. Mandantes propterea universis tam Urbis quam quarumcumque civitatum Status Ecclesiastici mediate vel immediate subiectorum, dohaneriis, passageriis ac portuum, passuum, pontium custodibus ceterisque ad quos spectat sub 500 duc : auri Cam : Ap : inferendorum poenis quatenus dicta capita marmorea ad effectum supradictum ex Urbe extrahere et Bononiam transportari ac transire sinant et permittant, nec quemquam desuper molestent aut molestari faciant vel permittant. Alioquin, etc.

Dat. Rome in Cam : Ap : die xxv Aprilis 1570.

Fr : M. B. Card. Camerarius.

(A. S. V. Div., CCXLII, fol. 243.)

Voici la liste des bénéficiaires des permis, avec la nature des objets exportés par eux :

Antraigues, chambellan du roi de France Henri II (1547). — Petite statue d'Hercule; tête en bronze d'Antonin; têtes en marbre de Vespasien, Néron, Alexandre le Grand, Faustine, Lucrèce, Marguerite d'Autriche, Julie Mammée, Bacchus, une paysanne, un ange, 30 monnaies ou médailles modernes, une petite main, deux pierres cassées (bas-reliefs?), deux sarcophages de marbre.

Armagnac (cardinal d'), 1555. Pour le connétable de France [Anne, duc de Montmorency]. — Têtes de Vitellius, M. Aurèle jeune, Septime Sévère, Caracalla, une femme, Domitien, Vitellius (plus petite), Hercule jeune, Othon[1].

Avanton (J. d'), ambassadeur du roi de France Henri II (1555), pour le connétable de France [Anne, duc de Montmorency]. — Têtes d'Antonin le Pieux, de Scipion l'Africain (moderne), de Geta, d'Antinoüs (moderne), de Faune, de vieillard, de Faustine; enfant avec dauphin moderne; deux caisses de morceaux de marbre tacheté, avec une tablette d'albâtre jaune.

Bellay (cardinal du), 1550. — Plaques de marbre, colonnes,

1. Cf. *Archives de l'art français*, t. IV, p. 69; *Gazette des Beaux-Arts*, 1861, t. IX, p. 75.

marbres divers non travaillés, morceaux d'albâtre, base de porphyre [1].

Este (François I), 1569. Ferrare. — Six statuettes, deux statuettes d'Esculape et de Cupidon, deux petites têtes [2].

Ferrare (cardinal de), 1569. — Esculape entier, Hercule entier, femme assise.

Gaddi (cardinal de), 1551. — Tête de marbre de grandeur naturelle, avec buste moderne.

Ghislerio (Hector), 1570. Bologne. — 7 têtes de marbre.

Gonzague (César de), 1569. Mantoue. — Statues diverses.

Guise (Charles, cardinal de), 1550. Objets destinés à être offerts au roi de France. — 25 caisses de statues, de bas-reliefs, de bronzes, etc.

Henri II, roi de France, 1547. — Table circulaire de marbre tacheté, de 9 palmes de diamètre, qui avait été acquise par P. Coyn de Lyon et qui fut revendiquée par l'ambassadeur de France.

Ligorio (Pirro), 1568. — 3 têtes de marbre (Scipion, Auguste, Antinoüs); un âne de marbre.

Loredan (Marc), 1555. Venise. — Dix petites têtes, table de marbre de 4 palmes.

Medicis (François de), 1569 [3]. Florence. — Petite Cléopâtre couchée, tête de Caracalla; 4 têtes d'inconnus; têtes de Geta, Adrien, Vitellius, Marcellus; buste antique; tête de femme; tête de Felice (?); petit torse de marbre; tête de femme brisée; tête de Bacchante; trois petites têtes, dont une cassée; enfant en relief sur fragment de sarcophage; épitaphe; cinq statues en fragments.

Medicis (François de), 1569 [4]. Florence. — Sculptures du Belvé-

---

1. Cf. *Courrier de l'art*, 1er mars et 3 mai 1883.

2. Cf. *Archivio Storico*, 1890, p. 196.

3. Le permis est daté du 30 juillet. Une lettre du 12 août 1569, conservée à Florence, apprend que l'envoyé florentin à Rome a fait expédier, huit jours auparavant, des antiquités à Ostie; ce sont probablement celles dont il est question ici. Cf. Dütschke, *Antike Bildw. in Oberit.*, t. III, p. XIII.

4. Permis daté du 20 septembre. Les statues furent expédiées le 26 ou le 27 (*Jahrb. d. Inst.*, 1891, p. 66).

dère à Rome données par Pie V : Erato, trois Cérès, deux Mné-
mosyne, Prudence, terme de Socrate, Vestale, deux Polymnie,
deux termes féminins, Uranie, Euterpe, deux Piété, Proser-
pine, Abondance, Antonin, Faustine, deux Junon, un Consul,
une Bacchante, une Flore [1].

PALLAVICINI (Vincenzo), 1546. — Grande tête de femme ; trois
têtes de Méduse, de Janus, de vieillard ; deux têtes d'Herma-
phrodite [2] ; tête moderne de Scipion ; tête de jeune fille.

STROZZI (Robert de), 1550. Florence. — Deux statues modernes.

---

1. Cf. *Jahrb. des Instit.*, 1890, p. 39, 65. A la p. 66 de ce recueil est publié
l'inventaire des statues du Belvédère données au prince de Florence, conforme
à celui qui accompagne le permis d'exporter.

2. C'est-à-dire de Bacchus à longue chevelure ; on appelait ces Bacchus *Her-
maphrodite* à l'époque d'Aldroandi (1550).